Ville de Fontenay-le-Comte

GUIDE

DU VISITEUR A LA

FOIRE DE LA SAINT-JEAN

1901

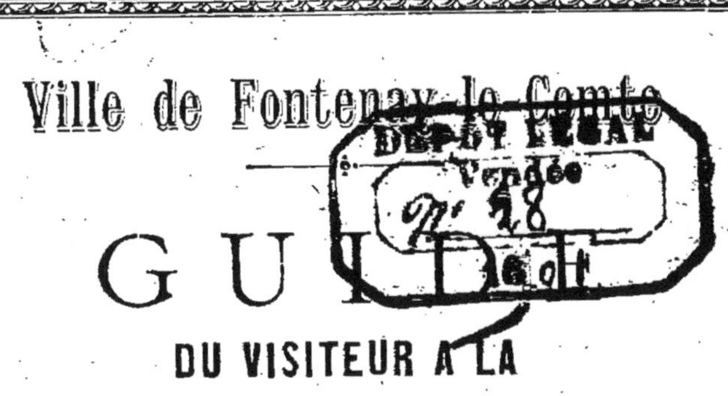

Les Curiosités de Fontenay.
Le Commerce fontenaisien.
Pour le Commerce local.

Les Attractions de la Foire

FONTENAY-LE-COMTE
Imprimeries GOURAUD et NARQUET
1901

TRIPLE-SEC **Liqueur** COINTREAU
ANGERS

FOIRES
DE FONTENAY-LE-COMTE

MOIS	JOURS	DATES
Janvier......	Jeudi	31
Février......	Samedi	23
Mars.........	Lundi	25
Avril........	Samedi	27
Mai.........	Samedi	25
Juin.........	Lundi et Mardi	24-25
Août........	Vendredi et Samedi	2-3
»	Samedi	24
Septembre...	Samedi	28
Octobre......	Vendredi et Samedi	11-12
Novembre....	Samedi	23
Décembre....	Samedi	24

Assemblées

Jour de PAQUES, route de Niort
Lundi de la PENTECOTE, à la Folie
Le 2e DIMANCHE de Juillet, au Gros-Noyer

Jours de Marché

Tous les MERCREDIS et SAMEDIS

LA FOIRE DE LA SAINT-JEAN

Il y a des grincheux qui prétendent que les foires de province n'ont plus la vogue et que leur importance diminue? Il n'y a pas de raisons pour que les foires de province soient en décadence quand celles de Paris sont en pleine prospérité. En tous cas, si le fait était exact, il serait des plus regrettables. Les grandes foires de province, comme celle de la Saint-Jean, à Fontenay, ont leur incontestable utilité. Non seulement on y fait toujours de grosses affaires, mais encore elle constituent, dans la vie provinciale, comme une période de gaieté, une sorte de trève aux préoccupations ordinaires. On s'y amuse, on y prend du bon temps, comme disaient nos pères et, ma foi, honni soit qui mal y pense.

Ce qu'il y a de sûr, c'est que la grande foire de la Saint-Jean à Fontenay est toujours aussi importante et aussi gaie que par le passé. On y vient de tout l'arrondissement, de toute la Vendée et des départements environnants. Cette année, comme elle tombe un lundi, il y aura certainement foule dès le dimanche. Voici la liste des attractions qui sont installées sur le champ de foire :

Grande Ménagerie Laurent.
Théâtre Salic.
Cinématographe Glasner.
Musée Diamy.
Vagues de l'Océan Driancourt.
Cirque de singes Delafioure.
Musée Bétrioux.
Pêche miraculeuse Denojean.
Tir et Massacre Bahuaut.
Chevaux de bois Vivien.
Tir Anaclais.
Café Vendéen Pellerin.

Brasserie des Charentes.
Café Hollandais.
Pâtisserie Confiserie Muriel.
Berlingots, Mlle Louise.
Loterie Curé.
Cirques, Lutteurs, etc., etc., etc.

Vous le voyez, amis lecteurs, il y en a pour tous les goûts, pour les petits comme pour les grands. Venez donc vous divertir à Fontenay pour la foire de la Saint-Jean. Et, comme dit l'autre, *En avant la musique !*

LES CURIOSITÉS DE FONTENAY

Voici l'époque où les murs se couvrent de réclames tapageuses. Du train dont nous allons, il n'y aura bientôt plus une bourgade, si minime soit-elle, qui, vers le mois de juin, n'éprouvera le besoin de faire savoir aux touristes qu'elle a une ou deux curiosités. Neuf fois sur dix, les susdites curiosités n'ont absolument rien de curieux, mais, à une époque où il est de mode de ne pas rester chez soi pendant l'été, il est assez légitime, en somme, que chaque pays cherche à attirer le plus possible les voyageurs. En avant donc la réclame et l'affiche en couleurs !

On rendra cette justice à Fontenay que ce besoin de réclame ne la travaille pas. Et pourtant, est-ce qu'elle n'a pas, à la porte, deux forêts superbes et dont beaucoup de sites valent certains points de vue renommés ? Est-ce qu'il n'y a pas, à Fontenay même, des curiosités qui valent la peine d'être vues ? Ce sont celles-là que, très rapidement, je voudrais signaler aux visiteurs de la foire de la Saint-Jean. Si, les affaires finies, et les principales attractions passées en revue, ils vont admirer ce que

Fontenay a de plus remarquable, je suis persuadé qu'ils reconnaîtront volontiers qu'ils n'ont pas perdu leur temps.

Et, tout d'abord, il est certain qu'une visite à l'église Nôtre-Dame s'impose. Pour l'instant, cette belle église est en réparations, mais on peut en voir encore quelques parties fort intéressantes. Au chevet de l'église, par exemple, au centre du retable, on admirera le tableau de Le Fèvre, l'Assomption de la Vierge. Sur l'un des piliers de gauche, se trouve une copie de la Transfiguration, d'après Raphaël. Sur le pilier voisin, est placée une chaire merveilleuse, en bois sculpté, de style Louis XVI, qui, à elle seule, vaut la peine d'une visite à Notre-Dame. Enfin, toutes les verrières sont remarquables, et ont été peintes dans les ateliers de M. Lobin, de Tours.

En sortant de Notre-Dame par la petite porte de la troisième travée méridionale, le visiteur se trouve en face d'un portail des plus curieux. C'est celui de la maison Pichard du Page, le dessus de ce portail fut donné par le duc de Toscane. Son entablement est surmonté d'un Laocoon, d'une Diane et d'un Hercule.

Si, après avoir admiré ce portail, le visiteur contourne les murs de Notre-Dame, il se trouve bientôt dans la Grande-Rue. Il n'a que quelques pas à faire sur la gauche, pour apercevoir la maison dite de Tiraqueau, dont la façade est charmante, et dont l'architecture des diverses rangées de fenêtres présente des spécimens des trois ordres. Qu'il prenne ensuite sur la droite, et il arrivera à la place aux Porches (place Belliard). Il y a là des façades à pontons triangulaires qui sont intéressantes.

L'un des monuments les plus curieux de Fontenay est la Grande Fontaine. Quand on s'y rend, on passe au bas de la Grande-Rue, devant la maison Billaud, dont l'architecture est des plus remarquables.

La Grande Fontaine, qui fut construite et sculptée, de 1542 à 1543, par Hiénard de la Reau, maître maçon et ornemaniste distingué, subsiste à peu près dans son état primitif, malgré de nombreuses détériorations.

Lorsqu'on regarde le sommet du ponton de la fontaine, on aperçoit, au milieu des lianes et des verdures, de hautes murailles à assises régulières : ce sont les ruines du château de Fontenay. Remontez la rue placée à gauche, et vous arrivez devant une étroite barrière à claire-voie. Poussez cette barrière, et après quelques pas dans un couloir à l'extrémité duquel grimpe un escalier très raide, on débouche au pied de la tour la Boulaye, qui date du XVIe siècle. De là, je recommande aux visiteurs d'admirer la belle flèche du clocher de Fontenay : de nulle part, elle ne produit plus grandiose effet.

En bas du château, presque en face de la Grande Fontaine, il convient de signaler la maison du gouverneur de la forteresse, bâtie vers 1580. Traversons ensuite le pittoresque pont des Sardines, et nous voyons quelques jolies maisons dont les façades en encorbellement sont soutenues par toute une série de poutrelles en chêne.

L'une des parties les plus curieuses de Fontenay est le faubourg des Loges. A droite, on pourra voir la place du Mouton avec une vieille bâtisse dite le *Palais Royal*. Dans la rue des Loges, encore, la maison de Jean Viset, graveur au XVIe siècle, mais malheureusement déformée. Plus haut que cette maison, à gauche, on voit la maison dite de Henri IV ou de Mille-Pertuis.

Mais en voilà assez, n'est-il pas vrai, pour prouver que le touriste peut trouver, à Fontenay, plus d'une belle chose à visiter. Et je ne parle pas du château de Terre-Neuve, des Jardins publics, de la place Viète du haut de laquelle on a l'admirable perspective de la rue de la République ! Que de villes où la mode attire actuellement le public, ne pourraient pas se vanter d'autant de curiosités que celles que nous venons d'énumérer ! Cela suffit, je passe, sans compter que les Fontenaisiens sont gens aimables et que leur hospitalité est charmante.

POUR RIRE

— Avez-vous vu jouer le *Jour et la Nuit ?*
— Assurément.
— Pas mal, n'est-ce pas ?
— C'est mon avis.
— Seulement, avouez que les auteurs ont eu tort de ne pas faire quelques couplets pour les plombiers et les gaziers.
— ..... Comprends pas...
— Dame, écoutez donc ! au théâtre, le jour et la nuit, c'est une question de robinets et de gaz.

—

On demandait à Boireau :

— Mme Boireau va-t-elle au bal ?
— Depuis qu'elle allaite son bébé, elle s'en dispense.
— Ah !
— Que voulez-vous ! Elle a peur, en dansant, de faire tourner son lait.

Horlogerie, Bijouterie, Orfèvrerie

GRAND CHOIX D'OBJETS POUR MARIAGES

Ancienne Maison CHEVALLIER

L. FRAIGNEAU

Successeur

4, RUE TURGOT, 4

FONTENAY-LE-COMTE

PHOTOGRAPHIE

Henri FAUGER

79 et 81 rue de la République

FONTENAY-LE-COMTE

Portraits, Reproductions & Agrandissements

de toutes dimensions

Sur **PLATINE** et **CHARBON**

PORTRAITS APRÈS DÉCÈS, TRAVAUX INDUSTRIELS

GROUPES

A l'occasion des Foires de la Saint-Jean :

PRIME. — Un Portrait agrandissement grandeur naturelle et 6 Photographies pour **15 Francs**

Grand choix d'APPAREILS photographiques de toutes sortes, depuis 1 fr. 25

Pellicules, Plaques et Papiers, Accessoires en tous genres, Travaux pour Amateurs

---

Tous les Appareils sont vendus garantis et les leçons données gratuitement à tous les Acheteurs.

Arbustes, Graines et Fleurs

GABORIEAU-PICHERIT

RUE TURGOT
FONTENAY-LE-COMTE (Vendée)

PRODUITS DU PAYS
TRÈFLE ET LUZERNE
Haricots

CAFÉ DE L'HOTEL-DE-VILLE

Consommations de 1er Choix

Grands Magasins du Commerce et de l'Industrie
AUX DAMES DE FRANCE

Ed. COLLIGNON

Ex-Premier Coupeur du PETIT-PARIS, de Bordeaux

37, Rue de la République, et 18, Rue Blossac

GRANDE CHEMISERIE PARISIENNE

La plus Importante de la Région

Atelier spécial de Réparations et Salon d'essayage

LINGERIE, BONNETERIE, MERCERIE, GANTERIE

Corsets, Article de Fantaisie

Rayon de Modes de Paris

A Prix fixe 4 Fr. 90, et 10 Fr. 50

CAFÉ NATIONAL

Mme CHESSEBŒUF

Rue Saint-Nicolas

FONTENAY-LE-COMTE (Vendée)

CONSOMMATIONS de 1er CHOIX

Siège de la Société Vélocipédique

Fabrique de Meubles et Billards

SALLES A MANGER

et

CHAMBRES A COUCHER

DE TOUS STYLES

en Bois massif et de choix

*(Les prix et dessins sont adressés
aussitôt la demande)*

Meubles de Style et Ordinaires

G. BRAULT

PLACE VIÈTE

à FONTENAY-LE-COMTE

Articles de Cafés et Cercles
BANDES AMÉRICAINES
et autres
Queues, Procédés, Tapis pour billards
TAPIS DE CARTES
JACQUET
Et autres Accessoires

BILLARDS & BILLES D'OCCASION

ACHATS & RÉPARATIONS

Le Marseillais et le Cylindre à vapeur.

Il y avait une fois, un homme comme on n'en voit pas souvent, raconta ce jour-là mon aimable cousin Gari.

C'était un excellent type, toujours en belle humeur, qui avait pour qualités principales d'être Marseillais, d'adorer l'ail et de se nommer Barbasson.

Il était doué d'une force, mais d'une force à rendre jaloux Hercule de terrible mémoire. Aussi, quand on venait lui parler des douze travaux de ce mythologique personnage, ne manquait-il jamais de hausser les épaules avec dédain, accompagnant sa mimique d'un petit bruit de langue qui en disait long :

— Vous venez me parler d'Hercule, disait-il avec fougue, mais, troun de lair ! apportez-moi donc une Hydre et vous allez voir !!!

Et naturellement, comme on n'apportait pas d'Hydre, on ne voyait rien du tout.

Un jour, en pleine Cannebière, un homme venu du Nord qui, le pôvre, voyait Marseille pour la première fois, osa lui rire au nez et l'appela blagueur.

Barbasson devint pâle d'indignation...

— Blagueur, dit-il, blagueur, moi ? Eh bien ! écoutez : Demain matin, sur la route qui mène à la Joliette, on va faire un cylindrage à vapeur. Je dirai au mécanicien de faire marcher le cylindre à une vitesse modérée, je me placerai devant et, m'arc-boutant sur mes jambes, je vous fais le pari de l'arrêter !

— Je parie deux sous que non ! répondit froidement l'homme du Nord.

Les conditions de ce curieux pari firent aussitôt le tour de la ville. Toute la nuit, de nombreux curieux stationnèrent à l'endroit indiqué afin d'occuper les premières places.

Lorsque le soleil se leva, radieux, dans un ciel sans nuage, plus de cent mille personnes (100,000) formaient la haie, attendant le grand événement annoncé.

Bientôt apparut Barbasson à qui le peuple ému fit une ovation flatteuse. Le héros, toujours modeste, salua vingt et une fois comme le prescrivent les règlements du port et se mit en position. Son partenaire prenait des notes.

Le cylindre à vapeur, conduit d'une main ferme, arrivait à la vitesse convenue, doucement, mais sûrement.

Lorsqu'il ne fut plus qu'à un mètre de Barbasson, celui-ci s'installa commodément et fit saillir ses muscles. Un grand silence régnait, les haleines étaient suspendues à tel point que l'odorat le plus subtil n'eût pu découvrir la moindre odeur d'ail ...

Le cylindre avançait toujours... Tout à coup, Barbasson porta son corps en avant, son épaule se plaça instantanément, puissante, contre l'engin et, en un clin d'œil, il fut écrasé.

Un cri d'horreur retentit ; tout le monde se précipita en avant... Lorsque l'inexorable machine fut passée, on aperçut le corps du pauvre Barbasson. Le malheureux était devenu plus plat qu'une feuille de papier à cigarettes. (Je ne fume que le Nil !!!) Un spectateur ayant jeté par mégarde une allumette près du cadavre, Barbasson prit feu tout comme le beau-frère de Mme Rougon, dans le *Docteur Pascal*, et il ne resta plus par terre qu'un peu de cendre que le mistral emporta.

La justice ouvrit une enquête et, deux mois après, Deibler guillotinait le buraliste qui avait vendu l'allumette homicide. Quand au mécanicien du

cylindre, un ministre venu à Marseille le décora de
la médaille de sauvetage. Enfin, l'homme du Nord
ayant été arrêté sous l'inculpation de coups et bles-
sures, fut retrouvé quatorze ans plus tard dans une
cellule... où on l'avait oublié.

Doux Blevé.

FABULETTE

Certain jour, par un beau temps clair,
Appuyé sur le bastingage,
Un Anglais riait du tangage
Et se moquait du mal de mer.
Mais, tout à coup, il devint pâle,
Et, dans un râle,
Il lâcha...... son petit air moqueur.

MORALE :

Les grandes poussées viennent du cœur.

EPITAPHES

Pour un Ivrogne :

Ne pleurez pas sur son tombeau !
Il a toujours détesté l'eau !

Pour un Propriétaire :

Narguant les impôts à la ronde,
Je suis heureux comme autrefois ;
Car, jusques à la fin du monde,
Je serai toujours dans mes bois.

CAFÉ DU PONT-NEUF

J. FOURAGE

Rue de la République, près le Pont-Neuf

FONTENAY-LE-COMTE

CONSOMMATIONS DE 1er CHOIX

RECOMMANDÉ à MM. les VOYAGEURS

A LA
BELLE JARDINIÈRE

62, rue de la République et rue Fontarabie
FONTENAY-LE-COMTE

Vêtements Confectionnés
POUR HOMMES, JEUNES GENS ET ENFANTS

CHEMISES, CRAVATES
ARTICLES DE TRAVAIL

Grand Choix de Costumes de Chasse
ET VÊTEMENTS CYCLISTES

Complets sur Mesures, depuis **30 Fr.**

Maison de Confiance donnant la plus grande satisfaction à ses Clients

PRIX FIXE ABSOLU — BON MARCHÉ VÉRITABLE

Succursale à **LA CHATAIGNERAIE,** *ouverte les Dimanches et Jours de Foire.*

PASSAGE GARNIER

GRAND BAZAR PARISIEN

GROS Prix Fixe — DEMI-GROS au comptant

CHAPELLERIE

CHAUSSURES EN TOUS GENRES

Porcelaine — Verrerie

VANNERIE - BIMBELOTERIE

SPÉCIALITÉ D'ARTICLES DE MÉNAGE & D'UTILITÉ

J. GARNIER

Rue de la République et rue du Port

FONTENAY-LE-COMTE (Vendée)

JOUETS

ARTICLES DE BUREAUX

PAPETERIE - MERCERIE

Bonneterie --- Articles de Paris

BRASSERIE CENTRALE

F. MARTINEAU

Rue de l'Ancien-Hôpital

FONTENAY-LE-COMTE (Vendée)

Bière en Fûts et en Bouteilles

LIMONADE

EAU de SELTZ et EAU de VICHY

Quincaillerie, Serrurerie-Ferronnerie

FONTES, ACIERS ET MÉTAUX

Articles pour Meubles et Bâtiments

G. LIGNEUL

Rue de la République et rue Blossac

FONTENAY-LE-COMTE

Chauffage, Eclairage
Pointes, Clouterie, Vis et Boulons,
Outillage, Scies et Limes
Peinture, Huile et Essence, Verres à vitres
Meules et Grès, Articles de Voitures
Lits de fer, Sommiers
Glaces, Tapis, Toiles cirées
Buanderies, Lessiveuses, Bascules
Pulvérisateurs, Soufreuses
Sulfate de cuivre, fer, soufre.

Grand Café Helvétique

A. MOREAU

Rue Turgot
FONTENAY-LE-COMTE

Consommations de 1er Choix

Recommandé à MM. les Voyageurs de Commerce

Commerce Général de Graines

MAISON DE CONFIANCE

FONDÉE EN 1836

H. BOIDÉ

Quai Victor Hugo

A FONTENAY-LE-COMTE

Magasin de Détail

Transféré près le PONT-NEUF

HOTEL du BŒUF-COURONNÉ

J. NAUDON

Rue du Puits-Saint-Martin

à FONTENAY-LE-COMTE

(VENDÉE)

ÉCURIES & REMISES

Chemiserie, Bonneterie, Ganterie

CHEMISES SUR MESURES

CRAVATES

Parapluies – Ombrelles – Cannes

MAURICE DEREIX

Rue de la République et Passage de l'Industrie

FONTENAY-LE-COMTE

(VENDÉE)

LE COMMERCE DE FONTENAY

Nous n'avons, ni l'intention, ni la prétention, dans cette revue du Commerce fontenaisien, de donner la nomenclature de toutes les maisons de Fontenay, pas plus que de mesurer leur importance. C'est une étude qui dépasserait le cadre de cet opuscule. Ce que nous pouvons dire, toutefois, c'est que le Commerce de Fontenay est considérable, aussi bien en ce qui concerne le commerce de gros, qu'en ce qui concerne le commerce de détail. Il y a des maisons de gros, comme, par exemple, la maison **Gougnard,** place du Commerce, qui, pour les tissus et la rouennerie, ont une réputation plus que régionale ; de même, la maison **Lambert,** rue du Puits-Saint-Martin, qui a créé la belle couverture en ardoises, qui s'appelle la *Moderne,* adoptée par tous les propriétaires soucieux de leurs intérêts ; de même, aussi, la maison **Cornuaud,** rue Benjamin-Fillon, dont les modèles de casquettes sont célèbres dans toute la contrée et copiés, dès qu'ils ont paru, par bien d'autres fabricants ; encore la Brasserie **Martineau,** rue de l'Ancien-Hôpital, dont la bière en fûts et en bouteilles, la limonade et les eaux minérales, sont appréciées par tous les connaisseurs. Est-ce qu'on ne peut pas considérer encore comme des maisons de gros, bien qu'elles vendent au détail, des maisons comme celles de **MM. Mayer,** à la *Belle Jardinière,* **Ligneul** et **Garnier,** toutes les trois rue de la République ? Ces trois importantes maisons font des affaires énormes. La *Belle Jardinière,* a une succursale à la Châtaigneraie. Bref, le Commerce de gros est des plus importants à Fontenay. Mais le Commerce de détail ne l'est pas moins.

Et, à ce propos, nous tenons à dire un mot sur l'intérêt qu'il y a, pour la province, à faire vivre son Commerce local. Trop de clients et surtout trop de clientes se laissent prendre aux prospectus tire-l'œil et aux réclames charlatanesques des maisons des grandes villes et de Paris. Il y a intérêt pour tout le monde à ce que la vie provinciale, intellectuelle et commerciale, soit active et florissante. Les commerçants de province sont aussi habiles et ont aussi bon goût que ceux des grandes villes. Il faudrait que l'argent de la province restât dans la province. Croyez-moi, Mesdames et Messieurs, vous trouverez en province, aussi bon et à aussi bon marché qu'à Nantes, Bordeaux, ou Paris. Vous n'avez qu'à aller faire vos achats dans l'une des maisons que nous allons vous indiquer, et nous nous portons garants que vous aurez pleine satisfaction.

Je vous parlais, tout-à-l'heure, de la **Belle Jardinière ?** C'est une maison qui défie toute concurrence pour le vêtement d'homme, la bonnetterie, la cravate et la chemiserie. A chaque saison nouvelle, M. Mayer offre à sa nombreuse clientèle un choix exquis d'étoffes excellentes et du meilleur goût : quant à la coupe, on ne fait pas mieux. De même, Mesdames, est-ce que, pour les modes et les nouveautés, vous ne trouverez pas tout ce que vous pourrez désirer au *Petit-Paris*, chez **M**me **Chatellier,** rue de la République, auprès de la *Belle Jardinière ?* Allez jeter un coup d'œil sur ses modes nouvelles, sur ses lainages, sur ses soieries, sur tout ce qu'elle offre à votre légitime coquetterie, et vous m'en direz des nouvelles. De même, si vous désirez un bijou, et vous, mesdemoiselles, si vous voulez faire un choix d'objets de mariage, il faudrait que vous soyiez bien difficiles si vous ne trouvez pas à vous contenter chez **M. Fraigneau,** rue Turgot, chez **M**me **veuve Pacaud,** rue du Minage et rue Turgot, chez **M. Junin,** près le pont des Sardines. Tout ce qui concerne la bijouterie et les bibelots artistiques se trouve dans ces trois maisons de premier ordre. Et vous ne serez, nulle part, mieux chaussés, Mesdames et Messieurs, que chez **M. Epardaud,** auprès du Café du Pont-Neuf : M. Epardaud ne fait pas seulement de la chaussure élégante, il en fait aussi de la solide et que nous serions tentés de qualifier d'inusable.

Et tenez, nous disions, plus haut, qu'on avait tort de vanter à tout propos le commerce des grandes villes ? Est-ce que Fontenay ne possède pas deux maisons de tout premier ordre, qui sont à la hauteur des plus fortes maisons similaires de Paris ? Ce sont la Quincaillerie **Ligneul** et le grand Bazar **Garnier,** situés tous les deux rue de la République. Chez M. Ligneul, on trouve tout ce qui concerne la quincaillerie, la serrurerie, la ferronnerie, les fontes, les aciers, les métaux, les articles pour meubles et bâtiments : chauffage, éclairage, peinture, que sais-je? Chez M. Garnier, on peut dire que l'on trouve de tout, et à des conditions exceptionnelles ; le bazar Garnier peut être mis en parallèle avec les meilleurs bazars des grandes villes.

Il est aussi une maison que nous tenons à signaler à l'attention de nos lecteurs : c'est celle de **M. Fauger**, l'habile photographe de la rue de la République. Ah ! l'on parle des photographies artistiques de Paris ? Eh bien, allez chez M. Fauger, et vous m'en direz des nouvelles. Notons que, actuellement, M. Fauger donne, en prime, pour 15 fr., un portrait agrandissement grandeur naturelle et six photographies : c'est un vrai cadeau.

Mais j'entends une dame qui me dit : « Il n'y a pas que la toilette et le ménage, il y a aussi la table ! » — Parfaitement, Madame, j'allais vous en parler. Rue de la République, au coin du passage, la maison d'épicerie **Sibassié** est à votre disposition. Le successeur de M. Sibassié, M. Boitreaud, peut vous offrir tout ce qu'il y a de meilleur en conserves, épicerie de choix, vins et liqueurs. Et laissez-moi, Madame, vous donner un bon conseil : Si vous avez un dîner, un repas de noces, à offrir, après avoir fait vos provisions d'épicerie chez M. Sibassié, allez au Coq-Hardy et arrangez-vous avec **M. Gelly**, un ancien cuisinier de Gambetta, s. v. p., et du diable si vous avez mangé meilleure cuisine dans les grands restaurants de Paris.

Avions-nous raison de dire que le commerce fontenaisien était capable de satisfaire à toutes les exigences ? On ne se rend pas assez compte, en général, que la province a sa vie propre et que ses ressources sont immenses. De même, est-ce que les grandes villes possèdent de meilleurs cafés que celui de **M. Giraudeau**, au Café du Commerce, rue de la République, que celui de **M. Fourage**, au Café du Pont-Neuf, que le Café National, tenu par Mme **Chesseboeuf**, rue Saint-Nicolas ? Dans ces trois établissements, les consommations sont de premier choix, et le confortable y est parfait. Quand vous aurez fait un tour à la foire de la Saint-Jean, entrez-y et vous me donnerez raison.

Mais voici que je m'aperçois que j'ai fait un grand nombre d'oublis. Je demande aux lecteurs de ce petit opuscule, la permission de les réparer. Les maisons dont nous allons leur donner la nomenclature sont également de premier ordre, et nous les recommandons en toute confiance :

Graines. — **M. Boidé** a son magasin de gros quai

Victor Hugo, et vient d'ouvrir un magasin de détail rue Turgot, près du Pont-Neuf. La maison Boidé a une réputation méritée.

Nouveautés, Chemiserie. — Chez **M. Collignon**, aux *Dames de France*, rue de la République, au coin de la rue Blossac, on trouve des nouveautés et la chemiserie de premier choix. Pour la chemiserie, on peut aussi s'adresser chez **M. Dereix**, au coin du passage : dans cette excellente maison, on trouvera également des parapluies d'une fabrication soignée, et des articles de pêche.

Limonades, Bières, Eaux gazeuses. — **M. Chauvet**, rue Blossac, qui fait le commerce de fers et de charbons, défie également toute concurrence pour sa fabrication de limonades et d'eaux gazeuses. M. Chauvet a aussi l'entrepôt de la bière Webel, une bière vraiment supérieure.

Meubles. — Encore une maison de confiance, la maison **Brault**, en haut de la place Viète, pour ses meubles de style et ses billards.

Cycles et Automobiles. — **M. Sénac**, rue de la République, ne craint aucune autre maison pour les Cycles et les Automobiles. M. Sénac possède un atelier de réparations des mieux outillés.

Epicerie. — Chez **M. David-Massuyau**, à l'*Epicerie Moderne*, rue Turgot, en face le Marché, les marchandises sont des meilleures marques et d'une fraîcheur indéniable. On trouve, chez M. David-Massuyau, de véritables crémets d'Angers, sur commande, et on peut s'y procurer toutes les primeurs dans les quarante-huit heures.

Fruits frais et secs, Primeurs, Oranges. — La maison **Calatayud, Llorca et C**ie, rue de la République, auprès du passage, tient tout ce qui concerne les Fruits frais et secs, les Primeurs, les Oranges, les Mandarines, Dattes, etc... Aussi, les Vins fins et ordinaires, les Rhums et Liqueurs de marque.

Chaudronnerie. — **M. Douillard**, rue de la République, est renommé pour la grosse chaudronnerie, ses pompes et alambics, ses installations de laiteries, ses chaudières et machines à vapeur.

Machines agricoles. — La maison **Grangé**, rue

de la République, fait tout ce qui concerne la construction mécanique. A voir son choix de fourneaux de cuisine, de lessiveuses, et en particulier la lessiveuse la *Centrale*. Pour les machines agricoles, **M. Grangé** est un fabricant estimé à juste titre.

Cafés. — Excellents, les établissements suivants : *Café de l'Hôtel de Ville*, tenu par **M. Gaborieau** ; *Café Helvétique*, tenu par **M. Moreau.** Les consommations y sont parfaites.

Hôtels. — L'*Hôtel du Bœuf-Couronné*, rue du Puits-Saint-Martin, tenu par **M. Naudon**, qui possède la cave la plus fraîche de Fontenay ; l'*Hôtel de l'Europe*, auprès de la gare, rue de la République, tenu par **M. Dubois** ; l'*Hôtel du Croissant*, place du champ de foire, tenu par **Mme veuve Begué** ; l'*Hôtel du Commerce*, place du champ de foire, tenu par **M. Roussay** ; et l'*Hôtel du Chapeau-Rouge*, rue Kléber et de la République, tenu par **M. Ancelin** ; autant d'hôtels bien connus dans toute la région, et dont le service et le confortable ne craignent aucune comparaison.

On le voit, les visiteurs qui viendront à la foire de la Saint-Jean trouveront, à Fontenay, toutes les commodités. Vive le Commerce local !

Horlogerie, Bijouterie

ORFÈVRERIE, JOAILLERIE

MARCEL JUNIN

Rue des Orfèvres FONTENAY-LE-COMTE

GRAND CHOIX

D'ORFÈVRERIE et de FANTAISIES pour Cadeaux

ASSORTIMENT COMPLET DE LUNETTERIE ET OPTIQUE

ATELIER DE RÉPARATIONS SOIGNÉES

Fers, Fontes, Acier
CIMENTS

CHARBONS DE TERRE DE TOUTES SORTES
Coke, Briquettes pleines et creuses, Charbons
de Bois et de Paris

R. CHAUVET
Rue Blossac, à FONTENAY-LE-COMTE

Transports généraux Grande et Petite Vitesse
pour la Ville et la Campagne
Voitures et Cadres capitonnés pour Déménagements par
voies de fer et de terre, avec ou sans garantie.
VÉRIFICATION DE LETTRES DE VOITURE

FABRIQUE DE GLACE A RAFRAICHIR

Hôtel du Commerce

ROUSSAY - BROCHARD
Place du Champ-de-Foire
FONTENAY-LE-COMTE
(Vendée)

Recommandé à MM. les Voyageurs

ÉCURIES et REMISES

Chaussures en tous Genres

CORDONNERIE MODERNE

E. EPARDAUD

Rue de la République

FONTENAY-LE-COMTE

Grand Choix de CHAUSSURES de Fantaisie et Ordinaires

Pour Hommes, Dames et Enfants

BRODEQUINS DE TRAVAIL POUR TOUS CORPS D'ETAT

GUÊTRES ET CHAUSSURES DE CHASSE

**Le MAGASIN n'est plus au coin du pont. Il est transféré rue
de la République, à côté du Café du Pont-Neuf.**

CLÉMENT GELLY

CHEF DE CUISINE

Route de la Rochelle

A FONTENAY-LE-COMTE

A l'honneur d'informer le public qu'il vient de fixer sa résidence à FONTENAY-LE-COMTE, pour s'occuper spécialement de tout ce qui concerne le service de

Banquets, Noces, Dîners, etc., etc.

Il apportera tous ses soins aux ordres qui lui seront donnés

A servi dans les premières Maisons de Paris

BLANC, ROUENNERIE, LAINAGE

Sacs et Bâches

A. GOUGNARD

Place du Commerce

FONTENAY-LE-COMTE

(VENDÉE)

Atelier de Construction en Chaudronnerie

CUIVRE et TOLE

L. DOUILLARD

Membre de la Société des Agriculteurs
de France
Chevalier du Mérite Agricole
breveté S. G. D. G.

Rue de la République

FONTENAY-LE-COMTE (Vendée)

MACHINES AGRICOLES

COMMISSION

Construction et Réparations
DE
CHAUDIÈRES A VAPEUR
Tubulaires
Semi-Tubulaires et à Bouilleurs
Pour Machines fixes
Demi-fixes, Locomobiles et à battre

TUBES en Fer en Cuivre
rouge et jaune

REMANCHONNAGE
de TUBES en Cuivre et en Fer

TUYAUTAGE et MONTAGE
de Machines à vapeur

CHAUDIÈRES EN CUIVRE
DE TOUTES FORMES
pour Teinturerie, Chapellerie, Brasserie

INSTALLATION COMPLÈTE
d'Usines, de Laiteries et de Fromageries

Bacs et Réservoirs en tôle
pour châteaux d'eau
et Établissements Industriels
MANOMÈTRES
FABRIQUE
DE POMPES EN CUIVRE
de tous Systèmes

TUYAUX ET ROBINETS
en tous Genres

APPAREILS THERMOSYPHON
pour le chauffage des serres, etc.

Ecrémeuses à force centrifuge

Barattes et Malaxeurs

NOUVEAUX APPAREILS
pour le Chauffage et la Conservation
du Lait
APPAREILS
pour la fabrication des Fromages

ALAMBICS POUR DISTILLATEURS

Le Carnaval de Marius.

Bagasse ! Elle a de l'esprit cette petite Eléonore !
fit joyeusement Marius Salengat, en regardant un
billet de cent francs qu'il avait élevé au-dessus de
sa tête, après l'avoir tiré d'une lettre que venait de
lui monter la vénérable pipelette de son immeuble
de la rue Cujas.

Il avait reconnu, sur l'enveloppe, l'écriture de sa
cousine Eléonore, et, tout d'abord, il n'avait éprouvé
qu'une médiocre satisfaction. Pour l'étudiant en
droit de septième année qu'il s'était efforcé d'être, en
attendant mieux, ces lettres périodiques de la jolie
amie d'enfance, qui « l'espérait » au pays, étaient
comme le rappel lugubre du nécessaire mariage qui
devait clore sa joyeuse vie de préparation à un nota-
riat de campagne.

Mais, dès qu'il avait coupé les bords de l'enveloppe, la couleur du billet de banque avait tranché
avec celle du papier à lettres, et, avant de lire la
missive, il s'était emparé du « fafiot. » Bien sûr,
pécaïre, qu'elle avait de l'*espritlle*, la petite Eléonore !

Il disait « espritte et pétiltte » tout en monolo-
guant, car il était des environs de Marseille, et
l'assent de Marius Salengat était d'une sonorité et
d'une vigueur qui étaient célèbres à l'Ecole de droit
et dans les brasseries où il pérorait en entassant des
piles de soucoupes.

Mais il se décida à lire la missive, et les dernières
lignes lui parurent délicieuses, dans la sensation du
billet bleu qu'il n'avait pas lâché et qui froufroutait
entre ses doigts :

« J'espère que cette lettre t'arrivera, écrivait Eléonore, malgré que je ne la fasse pas recommander. Tu
comprends, je n'ose pas faire savoir à la demoiselle

de la poste que je t'envoie de l'argent. Ce sont mes petites économies. Le carnaval doit être, à Paris, une occasion de dépenser que je n'ai pas à Martigues. Amuse-toi, mon bon Marius, mais pense aussi un peu à celle qui t'attend et qui t'aime. »

Tout de même, cette affection si douce, soudain évoquée d'une façon si ingénue, émut un tantinet le cœur méridional de Marius. Rapidement, il revit la jolie frimousse d'Eléonore, Martigues, la maison familiale avec des champs d'oliviers sous le grand ciel bleu, et, tout près, la mer, bleue aussi, puis les bonnes figures du père et de la mère qui avaient voulu que leur fils soit un « Monsieur, » et qui, depuis sept ans, se saignaient aux quatre veines pour lui envoyer régulièrement sa pension mensuelle.

Vision fugitive, d'ailleurs, car, enfin, il n'oubliait ni Martigues, ni les vieux, ni Eléonore, et il n'avait jamais manqué d'aller passer ses vacances au pays natal, et ce n'était pas un crime s'il avait échoué à quelques examens. Sa mère, elle-même ne l'avait-elle pas défendu contre son père, la dernière fois qu'il était allé à Martigues ? « Té ! avait-elle dit, faut-il pas que jeunesse se passe ? » Et le billet bleu d'Eléonore n'était-il pas aussi, en quelque sorte, l'absolution ou la preuve de l'indulgence de la jeune fille ? Et une absolution spirituelle, il n'y avait pas à dire !

Elle paraissait même d'autant plus spirituelle à Marius, cette indulgence, qu'il devait deux termes à son propriétaire, quelques mois aussi à sa gargotte, et que si la lettre d'Eléonore avait été *chargée,* sa concierge qui touchait les loyers, n'aurait pas manqué de lui rappeler la dette. Et, bon gré mal gré, il aurait dû écorner le billet bleu ! Pour tant d'*espritte,* il envoya un doux baiser à sa jolie cousine, par delà les murs de sa chambre, par delà les toits de Paris, les plaines, les fleurs, les collines et les montagnes ! Bagasse ! le carnaval, décidément, agitait déjà à ses oreilles les tintements joyeux de ses grelots ! Et, pour en finir tout de suite avec les souvenirs du pays, il murmura, en se disposant à sortir : « Petitte, je te revaudrai ça quand nous serons mariés ! » Et puis, enfin, c'était le Dimanche gras ! Le soleil riait dans les arbres du boulevard Saint-Michel et sur les lèvres des jolies filles : il avait rendez-vous avec des amis dans un café pour organiser cette journée de liesse ! Vive la joie !

Marius et ses amis était même très joyeux en sortant de déjeuner, grâce à quelques morceaux du billet bleu généreusement découpé par le fiancé d'Eléonore, et malgré qu'ils se fussent décidés à rendre visite à « une camarade » sur laquelle ils avaient compté pour leur partie de plaisir, et qui étaient malade depuis deux jours. Leur gaité, déjà un peu trop sonore, secoua même les marches de l'escalier étroit dont ils gravirent les trois étages en file indienne, en jouant du mirliton, les uns masqués, les autres affublés de faux-nez, et portant des balais faits de longues lanières de papiers multicolores.

Cette arrivée charivaresque fut tout à coup arrêtée sur le palier de l'appartement de la malade, par une amie qui était sortie précipitamment en les entendant monter, et qui, depuis un instant, les avertissait de ne pas faire de bruit.

— Hein ? Quoi ? Qu'y a-t-il ? demandèrent-ils en se pressant autour de la jeune fille.

— Je ne sais pas. En tous cas, soyez sages. Elle a eu le délire toute la nuit. Le médecin est venu ce matin et il a dit qu'il reviendrait ce soir. Elle a une fièvre de cheval. Entrez si vous voulez, mais, vous savez, ne dites pas un mot.

En même temps, elle ouvrait la porte, et, dès la petite salle à manger dans laquelle ils pénétrèrent, l'odeur des médicaments répandue dans l'appartement, cette espèce de silence qu'imposent autour d'eux les malades, firent tomber tout à fait leur gaîté. Instinctivement, ils marchaient sur la pointe des pieds, ils enlevaient leurs masques et leurs faux-nez, avaient presque peur d'entrer dans la chambre, et ils n'osèrent pas s'approcher du lit.

Dans cette chambre, c'était un étrange relent de médicamnts et de parfums. Mais, ce qui était plus étrange encore, c'était le contraste entre cette tête pâlie et malade, et ce groupe de jeunes gens porteurs des accessoires du carnaval, et dont pas un n'osait dire un mot.

A un moment, la malade ouvrit faiblement les yeux et sourit, tandis que l'un de ses bras se soulevait péniblement de dessus la couverture et, un à un, dans le même mutisme et dans le même silence, ils sortirent de la chambre et de l'appartement.

Et tandis que ses camarades descendaient, étreints d'une vague tristesse, l'escalier gravi tout à l'heure si joyeusement, Marius s'attarda sur le palier avec l'amie de la malade :

— C'est grave, n'est-ce pas ? Qu'a dit exactement le médecin ? interrogea-t-il.

— Mon petit Marius, je crois qu'elle n'en a pas pour longtemps.

Il baissait les yeux, tout à coup secoué d'un désir qu'il n'osait exprimer, regardant bêtement le balai de papier qu'il tenait de la main gauche, et dont les lanières balayaient le carrelage...

— Et..... fit-il, hésitant encore.

— Quoi ? Que veux-tu dire ?

— Et elle a de l'argent, té ?

— Pas ça ! — Elle faisait claquer un ongle sous ses dents. — Pas ça ! C'est moi qui ai payé jusqu'ici les médicaments. Tu sais qu'elle n'a jamais pu faire d'économies.

Marius la prit par la main et, doucement, la força à rentrer dans la salle à manger. Puis, tirant ce qui lui restait de son billet bleu, il prit quatre pièces d'or et les déposa sur une table :

— Tu ne le diras à personne, n'est-ce pas ?

Elle restait là, hébétée, remuée par ce coup de cœur du méridional. Marius était déjà sur le palier. D'en bas des voix montaient :

— Hé ! Marius ! Ohé ! Ohé !

La gaieté de ses amis était déjà revenue...

Il ajusta son faux-nez, serra la main de l'amie de la malade, et dégringola les escaliers, heureux, léger, ému tout de même :

— La pauvre ! Quel carnaval ! lui dit un de ses amis qui l'avait attendu, pendant que le reste de la bande mirlitonnait en gambadant, quelques pas plus loin, autour de deux folies.

— Et zou ! fit l'une de celles-ci en lançant une poignée de confettis dans la figure de Marius. Et zou !

Il se fâcha presque et, une demi-heure plus tard, il profita que leur bande fût prise dans une foule pour s'échapper et regagner sa chambre de la rue Cujas.

Deux jours après, il y avait à Martigues, une jeune fille bien heureuse parce qu'elle avait reçu une affectueuse lettre comme ne lui en avait jamais écrit son fiancé, Marius Salengat, de Martigues, comme elle.

FLAMINIO.

Société Vélocipédique Fontenaisienne

DIMANCHE 7 JUILLET 1901, à 2 heures du soir

Grandes Courses Vélocipédiques

à 8 heures 1/2, au Jardin des Jacobins

Grand Concert. — Illuminations. — Attractions diverses. — EMILIEN, Miss DOLORÈS, Jeux divers, Bar, etc., etc.

Horlogerie, Bijouterie, Joaillerie

SPÉCIALITÉ DE BRILLANTS

MONTRES OR, ARGENT ET NICKEL

Chronomètres de Précision

E. PACAUD

Horloger Fabricant breveté

FONTENAY-LE-COMTE (Vendée)

EN FACE L'HOTEL DE VILLE

MAISON LA MIEUX ASSORTIE DE LA RÉGION

Seul Représentant du Chronomètre **LIP**

GRAND CHOIX D'ORFÈVRERIE

Spécialité Couverts argentés sur Métal extra blanc

ASSORTIMENT COMPLET DE LUNETTERIE ET OPTIQUE

Exécution de VERRES spéciaux

POUR LUNETTES & PINCE-NEZ

Sur Ordonnance de MM. les Docteurs et Oculistes

ENTREPRISE de COUVERTURES

En tous Genres

MAISON AMIAUD

LAMBERT - AMIAUD

GENDRE et SUCCESSEUR

Rue du PUITS-SAINT-MARTIN

FONTENAY-LE-COMTE

Tuiles Montchanin, Tuiles plates et creuses, Ardoises à crochets

DESSINS EN TOUS GENRES

SEUL DÉPOSITAIRE POUR LA RÉGION

De la nouvelle Couverture pratique et économique

LA MODERNE

Économie considérable, Pose très facile, Aspect agréable
et solidité à toute épreuve.

TOUT CONTREFACTEUR SERA POURSUIVI

RAMONAGE de CHEMINÉES en tous Genres

HOTEL DU CROISSANT

MME V^{VE} BEGUÉ

Rue Blossac et Place du Champ de Foire
FONTENAY-LE-COMTE (Vendée)

BANQUETS POUR NOCES ET FESTINS
A PRIX MODÉRÉS

ECURIES ET REMISES

L. GRANGÉ

Constructeur breveté S. G. D. G.

Avenue de la Gare

FONTENAY - LE - COMTE (Vendée)

Les plus vastes MAGASINS de MACHINES agricoles et industrielle de la Région.

Agent général pour la Vendée des Machines RANSOMES et HORNSBY

Machines à vapeur fixes, demi-fixes, horizontales et verticales. — Locomobiles. — Batteuses françaises et anglaises. — Faucheuses des meilleures marques connues. — Râteaux à cheval. — Moissonneuse lieuse Hornsby, la Reine des Lieuses. — Pressoirs à vin et à cidre, fouloir de vendange. — Alambic. — Trieurs à grains. — Coupe-racines. — Concasseurs. — Ecrémeuses à bras et à moteur. — Barattes. — Malaxeurs. — Installations complètes de laiteries. — Broyeurs de pommes. — Courroies de transmissions, en cuir, coton et poil de chameau. — Huiles et accessoires pour machines de toutes sortes.

MOTEURS A PÉTROLE

Spécialité d'élévateurs de paille, d'égreneuses de trèfle et luzerne. — Pompes à eau et à purin. — Manèges, crics, bascules. — Matériaux de constructions de toutes sortes, tuyaux, tuiles Montchanin, carréaux, ciment, chaux, etc. — Chauffage : charbons de terre, de bois et de Paris, briquettes percées et pleines, bois. — Fourneaux et lessiveuses.

Au PETIT PARIS

Spécialités pour Mariages

ROBES & CONFECTIONS

MME CHATELLIER

60, Rue de la Répuqlique, 60

FONTENAY-LE-COMTE

(VENDÉE)

HAUTES NOUVEAUTÉS

En tous Genres

Soieries, Lainages, Batiste

COTONS FANTAISIE

RAYONS de CORSETS et CHAPEAUX

Epicerie Parisienne

Produits de la Maison Félix POTIN

DE PARIS

P. SIBASSIÉ

Rue de la République et Passage de l'Industrie

FONTENAY-LE-COMTE

Chocolats, Thés, Cafés

ARTICLES de CHOIX

DESSERTS

Comestibles

VINS, SIROPS, SPIRITUEUX

→ LIQUEURS ←

Café du Commerce

PROPRIÉTAIRE

C. GIRAUDEAU

Rue de la République

FONTENAY-LE-COMTE

DÉPÊCHES DE PARIS

*Tous les Samedis et Jours de Foires pour MM. les Négociants
et Marchands de Grains*

BOTTIN de Paris et des Départements

ANNUAIRE DE LA VENDÉE

ECHO AGRICOLE Jeudi et Samedi

CHAMBRE SYNDICALE DE FONTENAY

Consommations de premier Choix

Hôtel du Chapeau-Rouge

A. ANCELIN

Rue Kléber et rue de la République

FONTENAY-LE-COMTE

(VENDÉE)

ECURIES & REMISES — BOX

Grand Débit Espagnol

(Importation directe)

J. CALATAYUD, M. LLORCA & Cie

RUE DE LA RÉPUBLIQUE

FONTENAY-LE-COMTE (Vendée)

Succursale rue des Loges

SPÉCIALITÉ

DE FRUITS FRAIS ET SECS

PRIMEURS

Oranges, Mandarines, Grenades, Dattes, Bananes, Ananas,
Prunes, Figues, Amandes, Noisettes, etc.

VINS FINS ET ORDINAIRES

RHUM ET LIQUEURS DE MARQUE

1901 JUILLET			AOUT			SEPTEMBRE			OCTOBRE			NOVEMBRE			DÉCEMB. 1901		
☉ 4 h. 2 à 8 h. 5			☉ 4 h. 34 à 7 h. 38			☉ 5 h. 17 à 6 h. 42			☉ 6 h. 0 à 5 h. 39			☉ 6 h. 47 à 4 h. 39			☉ 7 h. 33 à [illegible]		
1	L	○ S. Thibaut	1	J	S. Pierre ès L.	1	D	S. Gilles	1	M	S. Remi	1	V	TOUSSAINT	1	D	AVENT
2	M	Visit. de N.-D.	2	V	S. Alphonse	2	L	S. Lazare	2	M	SS. Ang. gar.	2	S	☾ TRÉPASSÉS	2	L	☾ Ste Au[illegible]
3	M	S. Anatole	3	S	S. Etienne p.	3	M	S. Grégoire	3	J	S. Fauste	3	D	S. Hubert	3	M	S. Fr. Xa[illegible]
4	J	Ste Berthe	4	D	S. Dominique	4	M	Ste Rosalie	4	V	☾ S. Fr. d'Ass.	4	L	S. Charles	4	M	Ste Barbe
5	V	Ste Zoé	5	L	S. Abel	5	J	☾ S. Bertin	5	S	S. Placide	5	M	Ste Bertille	5	J	S. Sabas
6	S	Ste Lucie	6	M	☾ TRANSFIG.	6	V	S. Onésiphore	6	D	S. Bruno	6	M	S. Léonard	6	V	S. Nicolas
7	D	Ste Aubierge	7	M	S. Gaétan	7	S	S. Cloud	7	L	S. Serge	7	J	S. Ernest	7	S	S. Ambroise
8	L	☾ Ste Virginie	8	J	S. Justin	8	D	LA NATIVITÉ	8	M	Ste Brigitte	8	V	RELIQUES	8	D	Immac. conc.
9	M	S. Cyrille	9	V	S. Amour	9	L	S. Omer	9	M	S. Denys év.	9	S	S. Mathurin	9	L	Ste Léocadie
10	M	Ste Félicité	10	S	S. Laurent	10	M	Ste Pulchérie	10	J	S. Fr. Borgia	10	D	● S. Juste	10	M	● Ste Valérie
11	J	S. Norbert	11	D	Ste Suzanne	11	M	S. Hyacinthe	11	V	S. Probe	11	L	S. Martin	11	M	S. Damase
12	V	S. Gualbert	12	L	Ste Claire	12	J	● S. Raphaël	12	S	● S. Séraphin	12	M	S. René	12	J	Ste Constance
13	S	S. Eugène	13	M	● S. Hippol.	13	V	S. Maurille	13	D	S. Edouard	13	M	S. Brice	13	V	Ste Luce
14	D	FÊTE NAT.	14	M	S. Eusèbe	14	S	Ex. de Ste Cr.	14	L	S. Calixte	14	J	Ste Philomène	14	S	S. Nicaise
15	L	● S. Henri	15	J	ASSOMPTION	15	D	S. Nicomède	15	M	Ste Thérèse	15	V	Ste Eugénie	15	D	S. Mesmin
16	M	N.-D. du M.-C.	16	V	S. Roch	16	L	S. Cyprien	16	M	S. Gal	16	S	S. Edme	16	L	Ste Adélaïde
17	M	S. Alexis	17	S	S. Mammès	17	M	S. Lambert	17	J	Ste Edvige	17	D	S. Agnan	17	M	Ste Olympiade
18	J	S. Camille	18	D	Ste Hélène	18	M	Ste Sophie	18	V	S. Luc	18	L	☽ S. Romain	18	M	☽ S. Gatien
19	V	S. Vinc. de P.	19	L	S. Louis év.	19	J	S. Janvier	19	S	S. Savinien	19	M	Ste Elisabeth	19	J	S. Timoléon
20	S	Ste Marguerite	20	M	S. Bernard	20	V	☽ S. Eustache	20	D	☽ S. Aurélien	20	M	S. Edmond	20	V	Ste Philogone
21	D	S. Victor	21	M	☽ Ste Jeanne	21	S	S. Mathieu	21	L	Ste Ursule	21	J	Pr. de N.-D.	21	S	S. Thomas
22	L	Ste Madeleine	22	J	S. Symphorien	22	D	S. Maurice	22	M	S. Modéran	22	V	Ste Cécile	22	D	HIVER
23	M	☽ S. Apollin.	23	V	Ste Sidonie	23	L	AUTOMNE	23	M	S. Hilarion	23	S	S. Clément	23	L	Ste Victoire
24	M	Ste Christine	24	S	S. Barthél.	24	M	S. Andoche	24	J	S. Magloire	24	D	Ste Flora	24	M	Ste Emilienne
25	J	S. Jacques m.	25	D	S. Louis roi	25	M	S. Firmin	25	V	S. Crépin	25	L	○ Ste Cather.	25	M	○ NOËL
26	V	Ste Anne	26	L	S. Zéphirin	26	J	Ste Justine	26	S	S. Evariste	26	M	Ste Delphine	26	J	S. Etienne
27	S	S. Pantaléon	27	M	S. Césaire	27	V	○ S. Cosme	27	D	○ S. Frum.	27	M	S. Maxime	27	V	S. Jean ap.
28	D	S. Samson	28	M	S. Augustin	28	S	S. Venceslas	28	L	S. Sim. S. Jud.	28	J	S. Sosthène	28	S	SS. Innocents
29	L	Ste Marthe	29	J	○ D. S. J.-B.	29	D	S. Michel	29	M	S. Narcisse	29	V	S. Saturnin	29	D	Ste Eléonore
30	M	○ S. Abdon	30	V	S. Fiacre	30	L	S. Jérôme	30	M	S. Arsène	30	S	S. André	30	L	S. Sabin
31	M	S. Germain	31	S	S. Raymond				31	J	S. Quentin	FONDERIE DEBERNY			31	M	S. Sylvestre

183